AF259947

LE
NOMBRE ET LA RAISON

OU

RÉVISION DU SUFFRAGE UNIVERSEL

PAR

Félix BATTANCHON.

> ....L'essentiel, c'est que l'élection du député se fasse à deux degrés. Ainsi se fera, chez nous, l'éducation politique de la foule, et le contre-coup n'en sera pas mauvais sur l'Assemblée des représentants. Toujours, dans une démocratie, le suffrage à deux degrés choisit mieux que le suffrage direct.
>
> (H. TAINE, du Suffrage universel).

PRIX : **50** CENTIMES.

BERGERAC

IMPRIMERIE TYPOGRAPHIQUE DE FAISANDIER

rue Bellegarde, 18.

—

1873

Si la France du Gouvernement de Juillet 1830, embrassant du regard la période qui s'est écoulée de 48 à nos jours, se retournait vers le Suffrage universel — tel qu'il a presque toujours fonctionné durant ce temps, c'est-à-dire, direct et par bulletin de liste — elle aurait le droit de lui dire : Considère les actes de ton passé :

« Tu t'es laissé bercer d'illusions et de chimères, tu
» t'es courbé sous l'intimidation la plus humiliante ;

» Tu voulais la paix et tu as guerroyé dans toutes
» les parties du monde ;

» Tu t'es vendu pour des chemins de fer ;

» Par égoïsme, méfiance de toi-même, tu as laissé
» bannir des princes, auxquels on n'avait absolument
» rien à reprocher, et ton châtiment a été, quelques
» mois après, d'en introniser un qui m'a perdue ;

» Tu as ratifié des coups de force, des transpor-
» tations sans jugement, des confiscations odieuses,
» des lois terribles ;

» Tu m'avais trouvée dans une prospérité inouïe,
» heureuse sous des lois tempérées, avide de progrès;
» qu'as-tu fait de moi aujourd'hui ? Qu'as-tu fait de
» ma gloire militaire, littéraire, artistique ? Vois mes
» drapeaux en deuil, le nombre de mes enfants di—
» minué, l'Alsace et la Lorraine arrachées de mes
» bras; pèse si tu le peux l'or que je dois, tout le sang

» qui est sorti de mes veines et dis-moi quel est mon
» avenir de demain. »

A ces justes plaintes de la France que pourrait répondre le Suffrage universel? Il répondrait sans doute
pour son excuse :

« Je n'ai point demandé à naître ; j'ai presque
» toujours agi par instinct, d'une manière inconsciente,
» caressé ou brutalisé, tantôt par les uns, tantôt par
» les autres. Je n'ai guère su me faire respecter, vou-
» loir énergiquement le mieux, parce que, pour
» vouloir énergiquement le mieux, il faut avant tout
» le voir et le comprendre, et que mon éducation
» intellectuelle est aujourd'hui encore à peine ébau-
» chée. Je te demande pardon du mal que je t'ai fait,
» ô ma chère Patrie, hâte-toi de me réviser, de m'a-
» méliorer, de me rendre puissant pour le bien,
» impuissant pour le mal ; je t'aime du fond de l'âme,
» mais je sens avec douleur qu'après t'avoir à ce point
» rabaissée, appauvrie et mutilée, je pourrais bien.....
» t'achever. »

Sté-Foy-la-Grande (Gironde), septembre 1873.

Voici les diverses considérations qui sont abordées dans cet écrit :

I. Le suffrage universel direct et par scrutin de liste est en lui-même irrationnel, absurde.

II. Il n'a presque jamais été respecté dans la pratique par ses plus ardents promoteurs.

III. Il nous pousse à des solutions extrêmes également fâcheuses.

IV. Il dépend de lui d'établir le socialisme autoritaire.

V. Du nombre et de la raison — Idéal nouveau.

VI. Projets de réforme — Appel aux législateurs présents ou futurs.

I

Un membre de l'Assemblée actuelle écrivait derniè-
rement :

« Le suffrage universel repose sur ce *grand principe*
» que les votes mis dans l'urne représentent chacun une
» valeur *égale*. Cette égalité, c'est le suffrage universel
» lui-même ; c'est elle qui donne au suffrage universel
» *l'autorité d'une juridiction suprême*, s'imposant à tous
» parce que tous y contribuent *également*. »

Quelle ne serait pas notre surprise si nous découvrions
que ce *grand principe* au lieu d'être une imposante vérité,
digne de tous nos respects et de notre culte, n'était
qu'une supposition gratuite, une pure fiction, une erreur
véritable ; pour tout dire, une absurdité? Quel ne serait
pas notre étonnement si nous voyions s'évanouir com-
plètement à nos yeux le prestige de ce que l'on appelle
pompeusement : *l'autorité d'une juridiction suprême ?*
. Pour procéder convenablement à cet examen, bannis-
sons de notre esprit tout préjugé, toute opinion pré-
conçue ; suivons l'exemple du philosophe Descartes, du
naturaliste qui analyse une plante ou un coléoptère, de
l'anatomiste qui décompose le corps humain afin d'en
mieux étudier les diverses parties ; ouvrons ce *grand
principe*, et voyons ce qu'il contient dans ses flancs :

Alléguer que toutes les voix mises dans l'urne ont une
valeur égale, n'est-ce pas poser comme des vérités certaines les affirmations suivantes :

Le suffrage de l'homme le plus instruit, cet homme eût-il employé tout son temps à fortifier le plus beau génie naturel par les études les plus sérieuses et les plus variées, le suffrage de cet homme n'a pas plus de valeur en politique que celui du jardinier qui passe sa vie à cultiver des légumes.

Les 144 voix des sections réunies de l'Institut ne valent pas plus que les 144 voix les plus ignorantes de France.

Il est inutile de multiplier les exemples de même nature que l'on pourrait extraire de cette proposition générale. Descendons, cependant à quelques applications plus précises et même personnelles afin qu'elles soient plus frappantes.

Supposons que M. Gambetta ait un valet de chambre : Le maître et le serviteur sont égaux devant le scrutin ; qui oserait cependant soutenir que M. Gambetta et son valet de chambre font deux fois M. Gambetta ?

Supposons encore que M. Thiers, dont tout le monde connaît l'universelle capacité, ait autour de lui, pour le service de cette maison dont la destinée rappelle celle de l'Orateur romain, deux ou trois honnêtes fils de l'Auvergne. Si l'homme d'Etat illustre voulait fonder dans sa demeure même une petite République conservatrice, serait-il absolument sûr d'en faire la Constitution à sa guise et d'en être nommé le Président ? Les voix réunies de ces trois fils de l'Auvergne formant une écrasante majorité, ils feraient peut-être contre lui un 24 Mai.

Ainsi ce *grand principe* politique, n'est qu'une supposition absolument erronée ; il passe sur toutes les supériorités un niveau brutal ; il établit une égalité mensongère, injuste, contraire à la réalité et au véritable intérêt social.

La nature qui ne fait pas deux feuilles d'arbre parfaitement semblables, met une diversité plus grande encore dans les dons qu'elle dispense à notre espèce, et quand on apprécie avec impartialité la valeur des hommes, l'on trouve une hiérarchie infinie, une échelle plus longue que celle de Jacob. Il n'y a pas d'exagération à dire que des pâles lueurs de la plus faible intelligence à la pleine lumière du génie, il y a là distance de la terre au ciel. Cette inégalité naturelle est encore augmentée par une foule de causes, et la plus grande diffusion de l'instruction, en développant la culture nationale loin de la détruire, ne fera que l'accuser davantage.

D'autre part, il sera toujours conforme à la justice et à l'intérêt général, universel, que la plus large part d'influence soit, non-seulement accordée, mais assurée et garantie par la loi au mérite reconnu, aux supériorités appelées à rendre à la société les plus grands services. Les St-Simoniens l'avaient bien compris en prenant pour devise : « A chacun suivant sa capacité. »

La grande erreur de l'école démocratique ou plutôt démagogique actuelle, consiste à donner au *nombre* une valeur qu'il ne peut avoir par lui-même, à poser exclusivement ce principe : *les suffrages se comptent*, tandis que le bon sens et la raison disent au contraire : *les suffrages doivent se peser*.

N'est-ce pas ce dernier principe que nous appliquons tous les jours individuellement, que la société elle-même applique sans cesse en dehors de la Politique? Il n'est pas difficile de le prouver, il suffit de consulter les faits et l'expérience.

Toutes les fois que nous rencontrons une difficulté dont la solution dépasse la portée de nos facultés, à qui nous adressons-nous? Au premier venu? A tout le monde? Nous nous en gardons bien; nous nous adressons à une personne entendue, capable, et nous nous en rapportons à sa décision. Dans une contestation privée, une question d'intérêt, nous avons recours à un avocat consultant, à un jurisconsulte. Et il en est toujours ainsi; il n'est pas un simple particulier dans l'embarras qui, s'il le pouvait, s'adressât, pour le tirer d'affaire, au suffrage universel. Il aimerait mieux s'en rapporter à son propre jugement.

Il arrive parfois qu'au lieu d'avoir recours à une seule personne nous nous adressons à des experts, à plusieurs arbitres. Comment les choisissons-nous? Nous agissons alors comme si l'on nous disait : Nous allons vous donner autant de louis de vingt francs que vous pourrez en faire entrer dans un nombre de quatre chiffres. Nous nous hâterions d'écrire : 9999. Nous éviterions de glisser dans ce nombre des chiffres inférieurs et surtout des zéros. — De même, dans la composition de notre réunion d'arbitres, nous cherchons des capacités, des hommes dont les suffrages aient du poids, des louis d'or et non des zéros. — Si nos arbitres étaient inégalement éclairés, s'il y avait des nullités parmi eux, nous n'accepterions pas la décision de la majorité, et c'est ici qu'apparaît clairement à nos yeux l'impuissance du nombre tout seul à constituer une véritable majorité. La légitimité des majorités repose sur l'égale valeur de tous ceux qui ont composé le conseil et préparé la décision par une discussion contradictoire. Si nous accueillons avec respect les jugements d'un tribunal de commerce, les arrêts d'une cour d'appel, c'est que nous avons la certitude que tous les juges sont également recommandables par leur intégrité et la connaissance approfondie des questions qu'ils ont à résoudre. Des juges intéressés, incapables, ignorants! Nous n'en voulons à aucun prix. Nous exigeons qu'ils soient honnêtes et compétents.

Cette prudence dont nous usons comme simples particuliers, la société la montre bien davantage encore dans les conditions rigoureuses qu'elle impose à tous les citoyens, qui veulent exercer des professions libérales ou remplir des emplois publics. — Ah ! vous voulez entrer dans la Magistrature, dans le Barreau, dans l'Armée, dans l'Administration ? Vous voulez être médecins, notaires, avoués, huissiers, pharmaciens, j'allais dire gardes-champêtres ? Donnez, donnez-moi garanties sur garanties! Subissez épreuves sur épreuves, accumulez les labeurs, montrez vos diplômes, entamez le patrimoine de la famille pour vivre des années dans les Facultés, dans les Ecoles spéciales, supérieures. Alors, mais seulement alors, il vous sera permis........ d'entrer dans la carrière. Pour arriver, je ne dis pas aux honneurs, aux premières places, à la fortune, mais à une position souvent très-médiocre, il vous faudra avancer pas à pas, conquérir le grade, l'avancement au prix de mille fatigues, d'une patience héroïque, de mille dangers, parfois d'une mutilation, et tout cela en sentant vos forces décliner, en voyant vos cheveux blanchir.

Et maintenant, comment les choses se passent-elles dans la politique ?

Je l'avoue, après avoir contemplé la sévère ordonnance, l'universelle réglementation dont j'ai seulement dessiné quelques traits, je suis saisi d'un étonnement mêlé d'effroi et je me demande sérieusement si la folie est dans ma tête ou dans ce monde troublé qui s'agite et tourbillonne sous mes regards. Il me semble qu'une Fée malfaisante, qu'une Divinité jalouse ait dit : Cette société est trop belle ainsi ; replongeons-la dans le chaos, inspirons-lui ses constitutions politiques, donnons-lui le suffrage universel direct et par scrutin de liste.

Qu'est-ce donc que la Politique ? Est-ce le domaine de la pure fantaisie, de la licence absolue sous nom de liberté? Est-ce un rêve du cœur, un poëme ou l'imagination puisse déployer son vol capricieux? Non certes, la Politique est une chose très-difficile, mais très positive. c'est l'art de gouverner les peuples et, dans une République, l'art de se gouverner soi-même. C'est la meilleure gestion possible des affaires publiques. Et quelles sont ces affaires? Les Cultes, la Justice, l'Instruction, les Finances, les Rélations extérieures, la Défense Nationale par les armées de terre et de mer, le Commerce, l'Agriculture, l'Administration, les Beaux-Arts, la Discipline des mœurs et, dans les moments de crise, la forme du Gouvernement.

Mais qui donc est chargé de la gestion de ces intérêts si généraux, si considérables? Qui? Indirectement tout le monde. Tous sont électeurs, tous sont éligibles, tous peuvent remanier les lois et refaire la société. Il est parfois plus facile d'être député qu'apothicaire. Oui, comme si les intérêts matériels, intellectuels et moraux des particuliers perdaient tout leur prix par le fait de leur réunion, tout le monde est indirectement appelé avec *un droit égal* à décider des intérêts de chacun de nous, et dans ce *tout le monde*, les illétrés, les incapables, les intéressés et les inflammables étant en grande majorité, quand nous consultons ce que nous appelons emphatiquement *le grand jury national*, nous n'avons aucune garantie contre les étrangetés et les périls de ses réponses. Contradiction flagrante! Par ignorance ou par faiblesse, nous trouvons bon pour la communauté, dont nous faisons cependant partie, ce que nous trouverions détestable pour la conduite de nos affaires privées. Nous nous vantons d'avoir aboli l'Ancien Régime! Mais non, nous l'avons reconstitué dans un ordre inverse, car aujourd'hui l'Ignorance et la Passion ont plus de priviléges que n'en avaient la Noblesse et le Clergé avant la

Révolution. Il n'est pas difficile de s'en convaincre.

Puisque nous savons quelle est l'importance des intérêts publics, nous pouvons aussi nous faire une juste idée de la solidité et de la variété des connaissances que devrait posséder un électeur sérieux, un homme politique véritable, un représentant du peuple, surtout s'il est appelé à faire une Constitution. — Eh bien, choisissons dans l'élite de l'élite du pays, formons une courte liste de tout ce que la France peut avoir de plus recommandable par l'instruction, l'expérience, les services rendus, la position sociale, mettons, par exemple, sur cette liste : un ingénieur sorti de l'Ecole polytechnique avec le premier numéro ; un grand constructeur maritime ; un négociant armateur dont les navires sillonnent toutes les mers ; un grand financier dont les millions alimentent le commerce et le travail de plusieurs nations ; un historien qui connaît à fond les mœurs et les Constitutions des peuples anciens et modernes ; un grand artiste ; un général ; un amiral — il n'y a pas longtemps que l'armée votait — un savant illustré par des découvertes ; un des plus riches propriétaires du Médoc ; un grand capitaliste ; un grand industriel occupant plusieurs milliers d'ouvriers ; un philosophe ; un grand orateur sacré ou profane : nous aurons 14 suffrages qui, pesés dans les balances divines de la justice, en vaudraient des milliers, que dis-je, des centaines de milliers dans notre pays. Que faudra-t-il pour neutraliser toute cette puissance intellectuelle, tout ce mérite, tout ce génie, toute cette sagesse politique ? Quatorze ou quinze voix presque idiotes racolées dans quelque trou de la Sologne par un avocat de village ou dans le coin d'un carrefour par un péroreur d'estaminet, lequel n'a jamais entrevu la politique qu'à travers les fumées de sa pipe et de son esprit dans un mauvais journal ! Aussi qu'arrive-t-il quand on nous fait connaître le résultat d'une élection? Nous voyons bien deux chiffres inégaux, mais nous ne pourrions affirmer que le plus fort soit le plus raisonnable. Il y a telle minorité infime qui vaudrait cent fois la majorité numérique.

II

Que peut-il sortir de l'irrationnel, de l'absurde ? Des désastres, des hontes, des ruines. Quand nous foulons aux pieds les lois de la raison qui maintiennent l'ordre moral comme celles de la gravitation universelle maintiennent l'harmonie du monde physique, Dieu n'a pas besoin de se montrer aux yeux du corps pour corriger, redresser ou punir, il laisse faire et cela suffit. Il nous a beaucoup laissé faire et il est temps que nous commençions à comprendre, hommes de tous les partis.

L'histoire de France, depuis trop longtemps déjà, pourrait être intitulée : *Histoire de tous exécutée par quelques-uns*, et ce ne serait pas un paradoxe d'affirmer que la France ne s'est jamais moins gouvernée elle-même qu'avec le suffrage universel.

Quand cette prétendue souveraineté nationale exprimée par le nombre, a-t-elle été sérieusement respectée ? Chose étrange ! Ce sont précisément ses plus ardents promoteurs, ses amants les plus passionnés qui semblent avoir pris à tâche de lui faire subir les plus odieux outrages et de la traiter en incapable, en mineure, en aveugle !

À-t-elle été respectée en théorie? M. Ledru-Rollin l'a préconisée tant qu'il a cru qu'elle serait favorable au triomphe de ses propres idées, mais quand elle a paru dévier il a placé la République au-dessus du suffrage universel. Que ne le disait-il d'avance? De nos jours, M. Gambetta proclame le nombre souverain, mais à la condition qu'il ne sera ni légitimiste, ni orléaniste, ni impérialiste, ni même républicain conservateur; il lui trace un cercle comme Popilius et lui dit: Si tu sors de là sans ma volonté, tu auras la guerre. Tu es le grand *jury national*, mais uniquement chargé de proclamer *ma* république et pas celle de M. Thiers.

Voilà pour la théorie, voyons pour la pratique.

En 93, la France voulait-elle, je ne dis pas la condamnation, la détention, mais l'exécution de Louis XVI? L'on peut répondre hardiment : Non! En 1830, la France voulait-elle l'expulsion de la branche aînée? Non! Dix-huit ans après voulait-elle le bannissement des d'Orléans? Non!

Qui donc se charge de faire notre histoire? — Paris, d'abord, dominé, opprimé par ses faubourgs, Paris qui nous renvoie des révolutions quand nous demandons des réformes, puis « quelques dictateurs déguisés en libéraux » qui, en feignant de nous consulter, nous dictent nos ré- » ponses et se font nos maîtres sous prétexte d'être nos » serviteurs. » (1)

Les chefs de parti qui composèrent le Gouvernement provisoire de 48 eurent le tort de ne consulter la nation que sur un fait accompli, et, pour justifier leur coup de force ils se placèrent eux-mêmes dans l'obligation d'avoir recours à toutes les pratiques de l'absolutisme ; de là, ces *circulaires*, précieux échantillons de littérature despotique; ces commissaires extraordinaires *aux pouvoirs illimités*

(1) M. Taine.

et ces agents fortement teintés qui nous criaient ou nous glissaient doucement à l'oreille, quand ils étaient plus aimables, que si la province n'envoyait pas à Paris des constituants convenables on les jetterait dans la Seine quand ils passeraient les ponts............ même celui de la Concorde.

Le suffrage universel — j'entends toujours direct — n'a guère effectué à peu près tout seul qu'une seule chose, mais il l'a bien faite, c'est l'Empire. Il faut lui en laisser toute la responsabilité, nous libéraux, et le juger par là. — Il a fait l'Empire pour échapper au Socialisme, à la tourmente, à la guerre des rues qui tuait le travail, et pour mettre en belle prose, il l'espérait du moins, les vers de Béranger, de Casimir Delavigne et *l'Ode à la Colonne* de Victor Hugo. — Qu'il se soit trompé, nous le sentons à nos blessures ; mais ceux qui posent le *nombre* en principe, s'ils étaient logiques, devraient se prosterner devant l'ombre du Vaincu de Sedan, puisque jamais tête de prince ne fut couronnée ou surchargée de plus de millions de suffrages. La responsabilité de nos humiliations et de nos désastres remonte à ceux qui ont en 48 décrété le suffrage universel sans décréter la lumière universelle.

Et toutefois, en admettant, comme nous le pensons, que l'alliance de la grande masse de la nation avec le régime impérial, ait été un mariage d'inclination, comment le Chef de l'Etat s'est-il conduit envers la Souveraineté du peuple ? Comme un mari jaloux qui prend toutes ses sûretés contre les écarts hypothétiques d'une compagne trop vive. Ces sûretés furent si nombreuses, qu'il nous serait difficile de les énumérer de mémoire. Rappe - lons seulement : les Constitutions, les candidatures offi- cielles, les promesses de travaux publics — M. de Jouvenel en a su quelque chose dans la Corrèze — le remaniement des circonscriptions électorales et les plébiscites qui font dire : Oui. La nation se trouvait si étroitement liée, elle était prise dans un réseau dont les mailles étaient si serrées, qu'il lui eût été bien difficile de se dégager et de n'être plus vertueuse.

Le 4 septembre 1870 quelques hommes ont-ils hésité à préjuger la volonté du Souverain *numérique* et à proclamer une forme de gouvernement, au lieu de se borner à constituer *un Gouvernement de Défense Nationale*, et cela, quand le pays était égorgé par l'Etranger ? Des avocats ont-ils hésité à s'improviser ministres de la guerre ou ministres des relations extérieures, au risque de signer les armistices que vous savez ? Ont-ils reculé au souvenir des sept millions de voix — un joli chiffre pourtant — du dernier plébiscite ? A quoi sert donc le nombre ? — Etaient-ils consumés par la pure flamme du patriotisme ou par l'ardeur de l'esprit de parti ? Ils nous ont donné le droit d'en douter, car, en un pareil moment, ils regardaient encore à la cocarde, et le duc de Chartres était obligé de répondre au commandant Estancelin : « Que » m'importe mon nom ! je veux me battre pour mon » pays ; si vous ne voulez pas de moi, je trouverai des » officiers de francs-tireurs moins difficiles, et j'irai me » faire casser la tête avec eux aux avant-postes. »

Les Héros ou plutôt les Anges de la Commune ne se sont-ils pas imposés à Paris avec des minorités dérisoires et auraient-ils hésité à s'imposer à la France et au reste du monde ?

Aujourd'hui encore quand les Radicaux crient : Dissolution ! dissolution ! ce cri n'est-il pas l'expression d'une confiance fondée plutôt sur le fonctionnement d'une organisation bien préparée que sur le vœu spontané du Pays ? Ce cri ne signifie-t-il pas : Nous croyons tenir le suffrage universel par nos propagandistes, votre heure est venue ? M. Gambetta lui-même, dans son discours de Nantes, du mois de mai, n'a-t-il pas publiquement déclaré que si l'on eût changé plus de *fonctionnaires* dans la Charente-Inférieure la candidature bonapartiste de M. Boffinton n'y aurait pas réussi ?

Faut-il dès-lors s'étonner que le Gouvernement actuel leur réponde : Vous vous pressez trop ; laissez-moi le temps d'exécuter ce que de votre propre aveu vous feriez à ma place. Quand mes cadres seront remplis comme les vôtres, nous livrerons la bataille.

Et enfin quand les Républicains de toute nuance disent que cette fois l'on se gardera bien de retomber dans la faute commise en 48, celle de faire nommer le Président par le suffrage universel, le considèrent-ils comme un maître ou comme un esclave? N'est-ce pas lui dire qu'il serait capable de nommer encore un prétendant, c'est-à-dire, au point de vue de la logique, de faire une sottise ?

Quel est donc ce dieu auquel on souffle ses oracles, que l'on renverse comme une vaine idole quand il ne veut pas obéir ? Quel est ce lion terrible que chacun empaille à son tour ? Le secret de la comédie n'est-il pas que le suffrage universel *direct* a toujours besoin d'être conduit ? Qu'il est surtout préconisé par ceux qui voient en lui le système électoral le plus commode pour faire triompher leurs vues personnelles par des influences illégitimes ?

L'art de gouverner serait-il uniquement l'art de saisir le Pouvoir?

Que devient la souveraineté nationale ? Où est le gouvernement du Pays par le Pays?

III

C'est un fait historique irrécusable que depuis 48 le suffrage universel dirigé ou plus ou moïns spontané ne nous a donné que de longs mois de tourmente, de guerre civile et de dictature sous le nom de République, et dix-huit années d'absolutisme impérial suivies de deux grandes catastrophes : la Défaite et la Commune.

Organisé de la même manière, fonctionnant comme il a fonctionné jusqu'à ce jour, est-il capable de relever la patrie, de lui donner enfin un gouvernement régulier, stable, qui maintienne énergiquement l'alliance de l'ordre et de la liberté? Nous ne le pensons pas, nous croyons au contraire qu'après avoir rabaissé et mutilé la France, il peut achever de la perdre en nous poussant à une solution extrême et fatale. Oui, bien que dépourvu d'initiative, par sa nature même, inculte et passionnée, il pousse aux solutions extrêmes.

Dans les campagnes, incapable de discerner les nuances, il ne comprend rien aux choses complexes de la politique, à la pondération des pouvoirs, aux diverses formes des Constitutions. Demandez au paysan quel gouvernement, quel homme il désire, il vous répondra : Celui qui me fera le mieux vendre mes bestiaux et mes denrées. Dans la question de la séparation de l'Eglise et de l'Etat, il ne voit qu'une économie à faire sur son curé. En attendant, il gourmande ce même curé de ne pas trouver comme les autres une source merveilleuse où Paschançard pût réparer............. une erreur divine. Voulez-vous l'éloigner d'Henri V ? Dites-lui qu'il rétablira la dîme. Voulez-vous le convertir à la République ? Dites-lui qu'un président ne coûtera que cinq ou six cent mille francs, tandis qu'un roi ou un empereur coûterait des millions. Ces arguments sont triomphants et Dieu sait s'ils ont été mis en œuvre. Pour le paysan toute la question se réduit à ces termes. Peu sensible aux questions d'honneur national, il ne demande qu'une chose, c'est qu'il lui soit permis de se livrer paisiblement au dur labeur qui doit améliorer son champ. Qu'on l'inquiète, il rétablira l'Empire.

Dans les villes, envieux, plein d'illusions et d'une suffisance pédantesque, qui serait risible si elle n'était alarmante, facilement excitable, le suffrage universel suivra toujours les ambitieux et les agitateurs qui le flattent et lui promettent une illégitime disposition du capital et la licence des libertés illimitées ; il les suivra jusqu'au jour prochain où, ruiné par l'anarchie, il se hâtera, lui aussi, de réclamer un César ou une Convention, ce césarisme collectif et anonyme.

La France véritable, la France éclairée et libérale, celle que le monde admirait repousse les solutions extrêmes, condamne les exagérations ; elle est centre-gauche, comme l'a dit Royer-Collard en faisant son plus bel éloge ; elle l'est par sa haute raison, son esprit de mesure, la générosité de son génie naturel, et si elle avait l'influence nous ne la verrions hésiter qu'entre la République conservatrice et la Monarchie constitutionnelle qui s'en rapproche tellement qu'on a pu dire qu'elle est la meilleure des républiques. Mais les hommes si peu pratiques de 48, en paralysant l'action de la partie éclairée et libérale de la nation, ont rendu bien difficile le retour de notre Pays à la paix intérieure, à la prospérité durable, à la

gloire traditionnelle. En ce moment — douloureux spec-
tacle pour des cœurs patriotes — la France du suffrage
universel tend à se couper en deux, à se séparer en deux
fanatismes, en deux radicalismes, l'un blanc, l'autre rouge,
et ceux qui parlent et qui écrivent nous poussent de toute
leur énergie à ce déchirement cruel.

Dans les élections, quel esprit sage, ami des transac-
tions bienveillantes qui constituent la véritable fraternité
et sans lesquelles il n'y a pas de société possible, quel
esprit sage ne se trouve réduit à la cruelle alternative de
s'abstenir, c'est-à-dire, d'abdiquer son droit ou de donner
sa voix à des candidats dont les doctrines absolues lui
répugnent ? S'agit-il de scrutin de liste, ce mensonge des
mensonges ? Non-seulement il faut prendre le plus souvent pour mandataires des inconnus recommandés par des
inconnus, mais il faut choisir entre deux listes extrêmes.
La liste intermédiaire, la liste de transaction bienveillante
qui devrait toujours rallier la majorité dans un pays
libéral et sensé, cette liste fait inévitablement défaut.
S'agit-il d'élection partielle ? L'option doit se faire uniquement entre deux noms des plus colorés. Mais, dit tel
électeur :

> Le moindre grain de mil
> Serait bien mieux mon affaire !

Tu demandes un grain de mil, ambitieux ? Ce grain de
mil tu ne l'auras pas, dit la Tyrannie électorale. L'infor-
tuné maudit son étoile et sa fraction infinitésimale de
souveraineté ; il se sent placé dans la situation peu enviable
de ce condamné à mort qui ayant le choix entre la pen-
daison et la décollation répondait d'une mine piteuse à
ses bourreaux :

> Eh ! que m'importe donc, s'il faut que je périsse,
> Qu'on m'allonge le col ou qu'on le raccourcisse ?

Les journaux qui visent au plus grand nombre possible d'abonnés, sachant qu'ils ont affaire à un public d'autant plus impressionnable qu'il est plus illettré, attisent les passions populaires au lieu de les calmer. La violence de la polémique ne connaît plus de bornes et si au lieu d'être, providentiellement sans doute, disséminés sur la surface entière du territoire, les deux partis extrêmes se trouvaient postés de chaque côté de la Loire, la poudre parlerait sur toute la ligne et la moitié de la France se jetterait fraternellement sur l'autre pour l'exterminer.

« On vous connaît de longue date, disent les Radicaux rouges aux Radicaux blancs, vous êtes le Droit divin, la Superstition, les fils des Croisés, les champions du Syllabus, les ennemis de l'Esprit moderne ; vous voulez rétablir l'Ancien Régime, la dîme, la corvée, le droit de jambage et son plus proche voisin........ peut-être l'Inquisition, et remarquez qu'en disant : peut-être, nous sommes d'une générosité chevaleresque. Nous demandons, nous, l'Instruction laïque et la séparation de l'Eglise et de l'Etat pour extirper la lèpre hideuse du Clergé. Nous sommes le progrès, la lumière, la science, l'avenir, le bonheur et la gloire véritable de la Nation. »

« Allons donc ! répondent les Radicaux blancs qui ont au moins sur leurs adversaires, pour la réplique, l'avantage d'être dévots, vous n'êtes que des Libres-Penseurs et c'est un fait avéré que si tous les Libres-Penseurs ne sont pas des coquins, tous les coquins sont Libres-Penseurs. Nous sommes la Religion immuable et indéfectible comme la Vérité. A nos prétendues superstitions qu'opposez-vous ? l'Athéisme et le Néant. En politique, vous êtes l'Anarchie incarnée, qui traîne à sa suite la Dictature du sabre. Voyez : après la première République, le premier Empire et Leipsick et Waterloo ; après la deuxième République, le second Empire et le Mexique et Sedan, et le démembrement, cette fois, en plus. C'est un cercle fatal dans lequel la France ne doit pas tourner une troisième fois sous peine de voir à jamais sombrer sa nationalité. Nos rois avec ou sans i grec avaient fait la France, et ce sont vos révolutions qui l'ont défaite. Qu'est-ce qu'un républicain en France ? C'est un homme qui est toujours de l'opposition tant qu'il n'est pas président de la République. Aujourd'hui encore, que ceux qui se disent les vrais républicains arrivent au Pouvoir, ils seront inévitablement débordés et nous aurons les massacres et les orgies dont jouit l'Espagne ; ce sont vos nouvelles couches qui régnaient et gouvernaient à Alcoy, dans la province de Valence, en juillet dernier. En terminant, nous vous devons notre bénédiction ; elle sort du fond de notre cœur : Que le Ciel vous foudroie ! »

Telles sont les aménités qu'échangent aujourd'hui ces partis extrêmes dans lesquels on voudrait ranger tous les Français. On dirait les épanchements des héros de l'Iliade avant le combat. Mais la violence de leurs passions n'éclate pas moins dans leurs dédains également superbes à l'égard du Centre-Gauche, uniquement parce qu'il ne veut donner dans aucun excès.

Le Centre-Gauche, disent les Blancs, le Centre-Gauche ! Mais c'est une pléiade de niais, une collection de dupes ; M. Thiers n'a jamais eu d'autre visée que la satisfaction d'une ambition personnelle, d'autre objectif que la présidence de sa République de fantaisie. Qui donc croit à la vitalité de la République conservatrice ? Les Radicaux s'en amusent et la jetteront par terre d'un seul coup de boutoir. Le Centre-Gauche ! Mais c'est un mythe, un rien diaphane. Si ses orateurs prennent la parole, c'est uniquement pour prouver que leur parti existe encore, mais tout le monde sait bien que le Centre-Gauche est un jeune poitrinaire qui n'a pas même attendu la chute des feuilles.

Le fossoyeur l'a déjà mis à six pieds sous terre : un *de profundis*, s'il vous plaît!.....

> Sous le chêne on creusa sa tombe.....
> Mais son amante ne vint pas
> Visiter la pierre isolée ;
> Et le pâtre de la vallée
> Troubla seul du bruit de ses pas
> Le silence du mausolée.

Les Radicaux opposés sourient parfois du bout des lèvres au parti de la modération, mais ils ont une manière non moins efficace de lui prouver leur amour : S'agit-il de voter des lois constitutionnelles, ils protestent solennellement ; une seule République est possible, celle qui doit être le fruit de leurs œuvres ; ils renient tout autre paternité. Hors de leur Eglise, point de salut. S'agit-il d'élections? Des Radicaux, toujours des Radicaux : Barodet, Ranc, Lockroy ; Lockroy, Ranc, Barodet ; Ranc, Barodet, Lockroy. Pour appuyer le grand Patriote dont la première gloire est d'avoir sauvé la France des hontes et des horreurs de la Commune, on envoie des hommes qui ont été mêlés à la Commune. Paris lui-même — l'œil du fameux Cyclope — aussi peu clairvoyant que d'habitude, fait échec au Président dans la personne de M. de Rémusat, son coopérateur et son ami, et quand M. Thiers, ainsi traité ouvertement en *marche-pied*, en *cheval de renfort*, est obligé de se démettre de ses fonctions, ce sont les premiers auteurs de sa chute qui jettent les hauts cris, soupirent des élégies et prennent des attitudes de saules-pleureurs ! Pauvre Centre-Gauche ! Mourir si jeune !

> . . . . Ah ! souffrez que j'arrose
> Son tombeau de mes pleurs. Que le lis et la rose
> . . . .
> Pleuvent à pleines mains sur son triste cercueil,

Et qu'il reçoive au moins ces offrandes légères,
Brillantes comme lui, comme lui passagères.

Mais, citoyens affligés, il y avait un moyen bien simple de maintenir M. Thiers, c'était de lui envoyer quelques députés de sa nuance. Nous aurions aujourd'hui sa Constitution et une République organisée. Or quels représentants sincèrement dévoués lui a-t-on envoyés? Il est facile de les compter : Pas un.

Ainsi les modérés, les libéraux, les transigeants, les sages sont excommuniés des deux côtés. Dans son aveuglement et sa passion le suffrage universel ne discerne pas les nuances; il ne voit que les couleurs les plus tranchées, les contrastes les plus vifs et la France, comme nous le disions, se coupe réellement en deux. Désormais il faut être blanc ou rouge. L'intolérance intraitable de la Gauche a dit : « La République sera radicale ou elle ne » sera pas; » la Droite réplique : « Il n'y aura plus » qu'une seule Monarchie. » Et voici un miracle bien autrement authentique et surprenant que tous ceux qui nous éblouissent : Henri V tombe des nues et devient une réalité palpable.

IV

A ceux qui demandent pourquoi les Socialistes qui ont soulevé tant d'orages en 48 gardent un si profond silence en 73, quelques-uns répondent : *quum tacent, clamant.* Ils se taisent, mais leur silence est plein d'éloquence. Il témoigne hautement qu'ils comptent sur les conséquences logiques du principe de la *Souveraineté du Nombre*. Ils comptent sur le suffrage universel et attendent d'en disposer pour lui faire produire tous ses fruits.

Dans la Caroline du Sud, qui renferme 90,000 nègres et 60,000 blancs, le résultat électoral était de faire voter l'impôt presque exclusivement par ceux qui ne le paient pas et l'on s'étonnait des dépenses exagérées et des dettes croissantes de l'Etat. Il n'est pas nécessaire d'être un nègre bon teint pour faire à ses concitoyens de pareilles noirceurs.

Aux optimistes qui disent : « Fiez-vous aux vertus du suffrage universel, » on peut répondre : Sur quel fondement ont jusqu'ici reposé ces vertus? Sur le Christianisme, sur la Philosophie spiritualiste qui ont épuré et perfectionné la législation romaine. Mais si ces doctrines religieuses et morales qui règlent chez nous l'ordre social, la famille, la propriété, sont ruinées par les sophismes de la passion, que devons-nous attendre? Or, les avancés d'un certain parti sont positivistes et même matérialistes non-mitigés; ils sourient dédaigneusement et poussent des exclamations de détresse quand on leur parle de la Providence, de l'âme, de l'immortalité. Ne croyant pas à une sanction pénale au-delà de cette vie, ils sont obligés de penser que ceux-là même qui auront le plus réquisitionné ici-bas dormiront d'un sommeil aussi paisible que les honnêtes gens; les plus ardents d'entre eux, les purs des purs, ceux qui posent devant les niais pour l'impossible, se vantent d'être athées et nihilistes; ils disent : Nous avons le nombre, nous avons la force, donc il dépend de nous de transformer la société à notre profit. Qu'arrivera-t-il si jamais, passant de la théorie à la pratique, ces novateurs sans scrupules saisissent le Suffrage universel par le bras pour lui plonger la main dans l'urne ?

Quelle puissance refrènera leurs passions et leurs convoitises ?

Nous ne voulons pas insister sur ce point craignant d'être accusé de développer un lieu commun ou d'agiter un spectre quelconque aux yeux des Conservateurs dans un moment où ils doivent garder énergiquement l'équilibre et tout leur sang-froid, mais enfin comment ne pas reconnaître l'évidence et la force des vérités suivantes : Le suffrage universel actuel, s'il n'est plus gouverné par les mêmes principes spiritualistes et la même conscience religieuse et morale, contient virtuellement la spoliation générale, le nivellement des fortunes, la prise de possession illégitime du capital. Il peut tenter d'arriver à ce résultat de deux manières : par une révolution violente en s'emparant de l'Exécutif, ou lentement, sournoisement et légalement, avec l'aide de certain législateur toujours sûr de rajeunir sa popularité, son pouvoir et ses émoluments en promettant de forcer chaque année davantage le chiffre mobile de l'impôt progressif.

La question n'est pas de savoir s'il pourrait réussir pour longtemps dans sa tentative, s'il parviendrait à constituer un ordre nouveau quelconque, c'est un problème qui peut intéresser des rêveurs et des utopistes habitués à regarder les étoiles, mais la question est de savoir si nous voulons courir le risque même de la tentative. La tentative seule suffirait à coup sûr pour renouveler en grand, sur notre sol et sous notre beau ciel, les scènes du radeau de la Méduse.

V

L'intérêt le plus pressant exige donc que la société cherche des garanties contre une semblable éventualité. — Il s'agit peut-être de son salut.— Ces garanties, elle les trouvera dans l'enseignement des vérités morales, l'exposition des saines doctrines et dans une meilleure organisation électorale.

Lorsque les flatteurs, vermine immortelle, n'ont plus d'empereurs ou de rois à courtiser, ils prodiguent aux foules leur encens funeste et les enivrent d'un fol orgueil. Ils font si souvent retentir à leurs oreilles les mots sonores de *souveraineté du peuple, volonté du peuple, juridiction suprême, grand jury national,* qu'ils finissent par leur persuader que le *nombre* peut tout faire, qu'il lui suffit de vouloir une chose pour qu'elle soit juste, vraie, bonne et belle. Or il n'est pas d'erreur plus complète en théorie ni plus déplorable dans la pratique; plus complète en théorie, puisqu'elle est en contradiction absolue avec la loi de la conscience; plus déplorable dans la pratique, parce qu'elle a souillé l'histoire d'actes odieux et de crimes abominables. — Elle est la substitution de la force brutale à la justice et au bon droit. — Si les propositions suivantes : *deux plus deux font quatre, le vice est repoussant, la vertu est aimable, Dieu est adorable,* sont vraies, ce n'est point parce que des milliers ou des millions d'hommes les affirment et les ont toujours affirmées; ces vérités sont indépendantes de l'assentiment qu'on leur accorde, elles subsistent par elles-mêmes et s'imposent à nous parce que l'Auteur des choses lui-même les a gravées dans notre constitution intellectuelle, dans notre *Raison*. Encore une fois, ce n'est point parce que le peuple proclame ces vérités qu'elles doivent gouverner les sociétés, mais tout au contraire le peuple a le devoir de les proclamer parce qu'elles sont divines ; sa souveraineté n'est légitime qu'à cette condition. Il faut donc voir, dans ce mot de *souveraineté*, l'indépendance du peuple à l'égard de toute autorité humaine tombant du ciel comme la foudre, c'est-à-dire, non consentie et librement reconnue, mais en même temps la dépendance du peuple à l'égard du *vrai*, du *bien*, du *juste* et du *beau*. Il n'y a ici-bas qu'une seule puissance qui ait le droit de tout dominer, qui possède la Souveraineté légitime, c'est la *Raison,* révélatrice des lois divines et les appliquant dans la mesure de ses forces à tous les détails de la vie individuelle, sociale et politique.

Une autre erreur non moins profonde, c'est de surfaire l'importance du *Nombre*, d'exagérer le rôle qu'il a joué dans l'histoire, de lui sacrifier trop souvent le mérite et de de lui permettre d'agir comme ce citoyen bassement jaloux qui proscrivait Aristide, uniquement parce qu'il était fatigué de l'entendre appeler le *Juste*. Le *Nombre* en effet, n'a qu'une faible part de mérite dans les Annales de la Civilisation. Quelques âmes sublimes, en communion avec Dieu, quelques savants, quelques artistes, quelques politiques ont plus contribué à l'avancement du monde et au progrès général que les innombrables générations qui se sont succédé sur la terre. Que sont toutes les Médiocrités des siècles réunis comparées à Moïse, Homère, Platon, Phidias, Virgile, Dante, Raphaël, Newton, Kant, etc. Athènes n'est qu'un point sur la carte de l'Europe, mais ce point est un diamant dont les feux nous éblouissent. Le Christ tout seul avait raison contre la foule qui criait : « Crucifiez-le, crucifiez-le ! » Socrate, Galilée, Christophe-Colomb, Descartes, Bacon ont un renom immortel précisément parce qu'ils étaient en contradiction avec leurs contemporains. Si l'influence du nombre avait toujours prévalu, l'autorité des erreurs établies eût fait obstacle à l'établissement des vérités nouvelles, tout progrès eût été suspendu dès le début, toute découverte justement condamnée à sa naissance, et l'humanité serait encore à l'état sauvage, en admettant toutefois qu'elle ait eu cette origine.

Au nom de la réalité, de la justice, du progrès, gardons-nous donc de faire du nombre un dieu ; parlons au peuple, non de la souveraineté de sa volonté — la volonté pas plus que le sentiment n'est un principe directeur — mais de la souveraineté de la Raison et voyons comment cette faculté peut et doit fonctionner dans l'ordre politique.

Il est manifeste que dans certaines circonstances, dans certaines situations l'universalité des citoyens, quel que soit le peu de culture du plus grand nombre, a une aptitude suffisante pour exprimer clairement ce qu'elle désire : Que l'autorité dégénère en compression étouffante, le peuple entier, d'une voix formidable, saura crier : « Vive la liberté ! » A son tour, que la liberté dégénère en licence, en émeutes ; que l'anarchie arrête le travail, avec la même énergie il invoquera la tutelle de l'Autorité. Mais jusqu'à quel point saura-t-il discerner si le remède qui lui est offert lui rendra la vigueur et la plénitude de la santé ? La question change et la réponse devient négative. Nous en avons des preuves récentes dans l'acceptation numériquement si imposante des Constitutions et des Plébiscites du second Empire. Le suffrage universel voyait-il jusqu'à quel point il se livrait lui-même? Il obtenait l'ordre matériel qu'il désirait avant tout, mais il n'avait ni une instruction suffisante ni la conscience assez délicate pour comprendre à quel prix il achetait une sécurité provisoire. Pour l'examen *direct* de toute question complexe, difficile, même pour le choix *direct* d'un représentant, il est de toute évidence que la grande majorité des électeurs n'est pas suffisamment préparée. Je ne parle pas de la sagacité qu'ils devraient avoir pour n'être pas dupes des sophismes et des artifices d'un orateur, mais je demande comment ils pourraient comprendre des discussions dans lesquelles sont nécessairement employées des expressions à peine familières à des bacheliers ès-lettres forts en grec et en histoire. Il nous semble que tout homme pratique, tout homme de bonne foi conviendra que, dans ce cas, l'élite de la nation est seule suffisamment compétente. Il importe donc, et cela dans l'intérêt universel, que cette élite ait une part d'influence proportionnée à son intelligence et ce résultat peut facilement s'obtenir par une délégation de citoyen à citoyen. A quoi bon préconiser les lumières en théorie, en célébrer à grand bruit la bienfaisante influence si dans la pratique nous les mettons sous le boisseau? Notre époque a vu naître un nouveau genre de charlatanisme qui consiste à exploiter l'ignorance en lui vantant l'instruction. Nous n'aurions pas l'idée dans notre pays de faire faire notre Constitution par l'Institut de France et de nous y soumettre, et pourtant les anciens, moins éclairés mais plus sages que nous, se contentaient d'un Lycurgue ou d'un Solon. A cet idéal mensonger et conséquemment funeste de la souveraineté du *Nombre*, il faut donc désormais en substituer un autre, le seul vrai, le seul raisonnable, le seul conforme à la nature des choses et à l'intérêt social : la hiérarchie du mérite, et l'aristocratie des talents ; et cet Idéal, vraiment digne de la civilisation du XIXe siècle, nous devons faire en sorte de le réaliser dès ce moment dans la mesure du possible. C'est alors seulement que la démocratie rationnellement organisée pourra déployer toutes ses énergies, séduire les esprits par sa beauté, rallier les sympathies et fonder un édifice durable.

Dès l'année 1868, le regrettable Prévost-Paradol dans son beau livre « *La France nouvelle* » signalait un mouvement, un progrès intellectuel en ce sens : « Tout en
» reconnaissant, disait-il, qu'il est juste que chaque
» citoyen ait un suffrage, chaque citoyen ayant un intérêt
» quelconque à la chose publique, on s'est demandé s'il
» est aussi juste que ces suffrages soient égaux malgré
» l'évidente diversité des lumières et des fortunes, et s'il
» ne serait pas plus équitable, aussi bien que meilleur
» pour la conduite des affaires, de donner au suffrage de
» chaque citoyen un poids exactement proportionné à sa
» situation personnelle.

» De là un grand nombre de systèmes pour organiser le
» suffrage gradué ou la pluralité des suffrages. Quelques
» réformateurs voyant dans la fortune acquise par cha-
» cun, ou du moins dans le revenu annuel de chacun, la
» mesure la moins trompeuse de l'importance sociale du
» citoyen et de son intérêt proportionnel à la bonne ges-
» tion des affaires publiques, ont proposé de prendre la
» taxe de revenu, telle qu'elle existe par exemple en
» Angleterre, pour base exacte du droit de suffrage, et
» cette première conception les a conduits à l'idée d'un
» mécanisme d'une simplicité et d'une régularité singu-
» lière. Supposons la taxe du revenu étendue à tous,
» du plus riche au plus pauvre, chaque citoyen apporterait
» dès-lors au scrutin, en guise de bulletin de vote, le
» reçu du percepteur constatant le chiffre de sa taxe; ce
» ne serait plus un suffrage, mais ce *chiffre même* qui

» serait inscrit au compte du candidat pour lequel se
» prononcerait l'électeur. Chaque candidat aurait ainsi sa
» colonne particulière, dans laquelle viendrait s'inscrire
» successivement le chiffre de la taxe du revenu, payée
» par chacun de ses électeurs. L'élection terminée, on
» ferait le total de chaque colonne, et une simple compa-
» raison entre les chiffres de ces additions diverses suffi-
» rait pour manifester le résultat du vote et pour établir
» le droit de l'élu. Il est certainement impossible d'arriver
» à un moyen plus sûr et plus précis de former une
» assemblée sur la base de la représentation exacte des
» intérêts.

» Mais de la sorte, les intérêts matériels seraient seuls
» représentés, et, bien que la possession ou l'acquisition
» d'un fort revenu soit en général le signe d'une certaine
» culture intellectuelle, cette façon de graduer les suffra-
» ges a semblé trop étroite à d'autres réformateurs. Il a
» paru plus équitable de fonder ce suffrage proportionnel
» sur d'autres différences que celle des fortunes, et l'on a
» tenté alors de former un tableau des divers titres qui
» peuvent servir à l'attribution proportionnelle des suf-
» frages. Ce tableau comprendrait d'abord les éléments
» du vote simple tels que le droit de cité, l'âge viril; vien-
» draient ensuite les titres qui peuvent donner droit à des
» suffrages supplémentaires, attribués à la même per-
» sonne, tels que : dix ans, vingt ans et trente ans d'exer-
» cice des droits électoraux, ou le fait d'avoir été
» membre du Parlement, la possession d'une certaine
» fortune prouvée par le reçu de la taxe du revenu, les
» grades universitaires, l'exercice d'une profession sa-
» vante. Ce système est moins exclusif que le premier, et
» fonde la pluralité des votes sur une plus large base,
» mais il est plus compliqué, etc. »

C'est, selon nous, vers un perfectionnement de ce genre

que doivent désormais se porter les réflexions de notre Pays et les méditations du législateur si nous voulons fonder un ordre stable et rationnel.

Certains esprits ont d'autres préoccupations : frappés du hasard qui procède à la composition de nos assemblées, quant à la spécialité des connaissances des élus, ils voudraient réglementer le suffrage universel de telle sorte que tous les intérêts du pays eussent la certitude d'être représentés. Il y aurait un nombre de députés fixé à l'avance et par département pour l'Agriculture, le Commerce, l'Industrie, les Beaux-Arts, etc. Avec le laisser-aller actuel, il pourrait se faire qu'une Chambre n'eût pas un seul grand financier; en revanche elle pourrait avoir un nombre illimité d'instituteurs primaires ou de nullités fanatiques et criardes.

D'autres sont plus particulièrement frappés de graves abus : du chiffre énorme des abstentions et du complet écrasement des minorités séparées seulement par quelques unités de la majorité triomphante. Contre ce dernier abus ils réclament le système du *vote accumulé* dans les élections multiples.

Quelques-uns enfin plus décisifs réduisent la question au rétablissement d'un cens modéré qui n'exclurait guère que les incapables. Et aux journalistes qui leur crient d'une voix éplorée : « Malheureux, qu'allez-vous faire ? » Vous allez mutiler le suffrage universel ! » Ils répondent avec calme qu'ils ne craignent nullement de mutiler celui qui a laissé mutiler la Patrie. La mutilation se réduirait d'ailleurs à l'amputation salutaire de quelques orteils gangrenés qui gênent la marche.

Les hommes politiques ont le devoir de connaître et d'étudier ces divers points de vue, de profiter de ces lumières et de ces indications. Pour nous, qui voyons dans la pratique du vote un appel à l'initiative individuelle, une cause active de développement intellectuel et moral, nous voudrions que nos législateurs présents ou futurs se montrassent, autant que possible, sobres d'exclusion, et si notre voix pouvait être entendue, voici les vœux que nous soumettrions à leur sagesse.

VI

Etablissez le vote à deux degrés.

Appelez les communes ou des circonscriptions formées de plusieurs communes à nommer un certain nombre d'électeurs.

Posez en principe l'obligation du vote pour les électeurs des deux degrés et sanctionnez cette obligation par une amende proportionnée au chiffre de la contribution. Quiconque, en effet, jouit de l'exercice d'un droit, doit remplir le devoir corrélatif à ce droit.

Pour les électeurs du premier degré reculez à vingt-cinq ans l'âge de la majorité civique. Le jeune homme, même muni d'un diplôme, doit joindre à des connaissances théoriques une certaine expérience des hommes et des affaires. Exigez au moins la taxe personnelle : Le principe démocratique est que la souveraineté réside dans l'universalité des *citoyens,* mais il ne dit pas que le titre de *citoyen* doive être jeté comme la chose la plus vile au premier venu. Ce titre n'est pas donné par la Nature, mais il est conféré par le législateur; la preuve, c'est que nos Institutrices du premier degré, des illustrations comme Mme Georges

Sand, Mme Louise Colet ne votent pas, et pourtant, combien ne valent-elles pas d'électeurs du prétendu sexe fort? L'homme qui, bénéficiant dès sa naissance des avantages si considérables d'une communauté civilisée n'a pu parvenir à se créer une position, quelque modeste qu'elle soit, doit donc être non définitivement exclu — nous ne constituons pas une classe fermée — mais provisoirement ajourné, et il ne sera pas ajourné comme dépourvu de biens mais d'esprit. Vous ne pouvez arriver à vous créer des moyens d'existence certains, vous êtes à plaindre, mais n'ayez donc pas la ridicule prétention de gérer les affaires des autres et de les compromettre. Vous êtes manifestement incapable. La paresse, le travail impuissant ou même malheureux n'ont pas le droit d'entraver l'essor du travail actif, intelligent et fécond, la prospérité nationale.

Encouragez la moralité en accordant deux suffrages à l'homme marié, trois au père de famille. Le père de famille donne à l'Etat la première des richesses, qu'il en soit ainsi récompensé. La femme se trouverait représentée indirectement, dans une certaine mesure.

Afin de prévenir autant que possible les mauvais choix, limitez la liberté de cette première classe d'électeurs par les exigences auxquelles vous soumettrez ceux de la seconde.

A ces électeurs appelés à la grave mission de choisir le législateur qui doit disposer des intérêts publics et de la destinée de la France, accordez les mêmes faveurs quant au nombre des votes, mais ne craignez pas d'imposer des conditions sévères : exigez trente ans d'âge, un cens de cinquante francs ou un cens inférieur, mais relevé par la possession d'un diplôme dont vous déterminez l'importance. Nous ne disons pas aux électeurs, comme un ancien ministre : « Enrichissez-vous. » Il ne s'agit ni de fortune ni d'opu-

lence, mais nous disons : « Prouvez, par la manière dont
» vous gérez vos propres affaires que vous n'êtes pas
» incapables de gérer celles de vos concitoyens. »

Ces électeurs du second degré formeraient des réunions
dans lesquelles le candidat à la députation pourrait être
sérieusement discuté et jugé. S'il y prenait la parole, il
serait tenu d'apporter autre chose que de plates adula-
tions, des dénigrements, des phrases sonores et des
passions. L'auditoire tiendrait peu de compte de celui dont
toute la science politique consisterait à avaler prestement
un verre d'eau de la Salette, ou à crier : Vive la République et ses conséquences ! Il noierait le premier dans
sa fontaine et sommerait le second d'expliquer clairement
ce qu'il met dans *ces conséquences*. Les fanatiques incapables, les utopistes et les charlatans de toutes les
couches et de toutes les couleurs seraient rejetés dans
leur néant par des hommes pratiques.

Avec ce perfectionnement du suffrage universel, la
France posséderait enfin, nous l'espérons, un corps électoral sérieux, capable de se faire respecter et d'imposer
ses vues et ses aspirations au gouvernement quel qu'il
fût. La souveraineté du peuple serait l'expression de la
France intelligente et libérale et non de l'Ignorance et de
la Passion. Nous aurions une démocratie organisée et non
une démagogie légalement constituée. Fondé sur la
Raison et non plus sur le Nombre aveugle, l'ordre social
et politique offrirait des garanties de conservation et de
stabilité, le capital irait avec confiance au-devant du
travail, les associations se multiplieraient, et nous verrions
peut-être enfin se réaliser l'harmonieuse alliance de
l'Autorité et de la Liberté. Cette réforme serait encore
plus favorable à la République qu'à la Monarchie.

www.ingramcontent.com/pod-product-compliance
Lightning Source LLC
Chambersburg PA
CBHW061346050726
47595CB00005B/2106